Im Zeichen der Lilie

Das messianische und sophianische Zeitalter

Der Christusweg ins Friedensreich

Das Ewige Wort,
der Eine Gott, der Freie Geist,
spricht durch Gabriele,
so wie durch alle Gottespropheten –
Abraham, Hiob, Moses, Elia, Jesaja,
Jesus von Nazareth,
der Christus Gottes

Der Christusweg ins Friedensreich

Gabriele,
die Lehrprophetin und Botschafterin Gottes in unserer Zeit

Gabriele-Verlag
Das Wort

Der Christusweg ins Friedensreich

Gabriele, die Lehrprophetin und Botschafterin Gottes,
im September 2022

1. Auflage Oktober 2022

Max-Braun-Str. 2, 97828 Marktheidenfeld
Deutschland
Tel. 0049 (0)9391/504135, Fax 504133
www.gabriele-verlag.com

Druck: KlarDruck GmbH, Marktheidenfeld
ISBN 978-3-96446-364-7

Der Christusweg ins Friedensreich

Immer mehr Menschen suchen Gott und Christus.

Rund um den Globus gleicht die Welt jedoch einer Gefangenschaft, was die Vorstellungen von Gott und Christus betrifft.

Man spricht von Gott und Christus und findet ihre Gegenwart nicht.

Die Theologen zu allen Zeiten – und das seit Abraham – führten die Menschen zu einem Gott des Grauens, den es in Wirklichkeit nicht gibt. Dieser Götterglaube und Götterkult war und ist bis heute der strafende Zeremonien-Kult eines Papiergottes mit mancherlei abartigen Bildern, mit Zuchtvorgaben und dergleichen.

Wer soll was glauben, und was ist glaubwürdig? Was?

Für mich, Gabriele, ist das von Bedeutung, was Jesus von Nazareth lehrte: Gott in uns.

Gott ist. Gott ist das Gesetz der Himmel, ist das Gesetz der Unendlichkeit, die Gottes- und Nächstenliebe.

Wer von uns hat noch nie das Vaterunser gebetet oder es zumindest gehört?

Was oder wen verehren wir Menschen, gerade dann, wenn wir von Gott, gleich Gott-Vater hören?

Die Frage steht:

Ist der Gott-Vater, zu Dem wir beten und „der im Himmel ist", ein Kampfgott, also kriegerisch?

Wenn nicht, dann: Wer oder was ist Gott?

Wir beten oftmals so lapidar: *„Der Du bist im Himmel."*

Wer ist im Himmel – ist es ein Kampfgott, ein kriegerischer Gott?

Ja – wer ist im Himmel?

Und wenn wir das Vaterunser weiterbeten, dann heißt es:

„Dein Reich komme,
und Dein Wille geschehe!"

Wie heißt das Reich, das Gott aus den Himmeln zu uns senden soll?

Ist es Macht, Reichtum, Kampf – ist es also kriegerisch, auch gegen die Tiere?

Ist es Vergewaltigung von Frauen und Kindern?

Ist es Ausbeutung der Natur, Schändung der Mutter Erde?

Ja – und wie heißt der „Gott" von alledem?

Wer nachdenkt und an einen gütigen Gott im Himmel glaubt, der glaubt auch an Christus und Seine Lehre!

Die Frage steht: Woran glaube ich, woran glauben wir?

Wenn man bedenkt, dass alles Energie ist, also alles auf Energie beruht, dann steht eine weitere Frage an:

Wohin gehen die vielen Leiergebete, ob sie von den Kirchen kommen oder ob wir selbst Gebete vor uns hermurmeln, hinmurmeln – wohin gehen diese Energien?

Viele dieser Energien der Gleichgültigkeit werden von der Unterwelt angezogen, um weltliche Bedürfnisse zu erfüllen.

Sie werden von energiearmen Seelen, negativen Kräften, eingesetzt, um in der Welt das Ruder zu lenken, zum Beispiel in Parteien, in Regierungen, in Streitgefechten, nennen wir sie Kriege, oder in hochgradigen Rüstungsbetrieben und dergleichen.

Wir Menschen sprechen sehr gelassen vom Vater im Himmel.

Der Vater im Himmel ist der Vater-Mutter-Gott. Es sind zwei Ur-Kräfte im Ur-Atom des Seins, die Ur-Liebe und die Ur-Weisheit. Beide Kräfte sind das allgegenwärtige Leben, das von sieben Gesetzeshütern, von göttlich Verantwortlichen geschützt ist.

Das Heiligtum, das Zentrum des Seins, besteht aus sieben Ur-Kräften: den drei Kindschaftseigenschaften – die Güte, Liebe und Sanftmut – und den weiteren vier Schöpfungs- und Schaffungskräften der Unendlichkeit – Ordnung, Wille, Weisheit und Ernst.

Jedes geistig-göttliche Atom geht aus den zwei Ur-Teilchen, den Schöpfungs- und Schaffungskräften hervor.

Es sind die Antriebskräfte der Ur-Liebe und Ur-Weisheit.

Das ganze Fall-System hat bis heute nicht erkannt, dass es mit vier negativ verpolten Energien die Welt in den Abgrund führt, mit der Unordnung, dem Eigenwillen, der Ichsucht und der Leichtfertigkeit. Die drei Kindschaftseigenschaften wurden dabei ausgeklammert.

Alles in allem kann gesagt werden: Die Menschheit ist weit entfernt von der Gottes- und Nächstenliebe, von den Kräften der Ur-Liebe und der Ur-Weisheit.

Gerade in dieser Zeit hat Gott, die Liebe und Weisheit, den Menschen vieles zu sagen.

Und so heißt es:

Aus der Liebe kam daher die Weisheit
und wohnt unter den Menschen,
damit diese empfangen,
was Gott, die Liebe und Weisheit,
ihnen zu sagen hat —
heute in der großen Zeit
der Befreiung der Geschlechter
von einem Leben in Einengung und Trübsal.

Die Welt glaubt noch ihren Gang zu gehen.

Sie hat verloren. Der Klimawandel schreitet weiter. Die Schritte und die Tritte werden Klimakiller genannt.

Der Ruf des Christus lautet:
Lass die grausame Welt mit ihrer Selbstverherrlichung, was Ansehen, Güter und Geld anbelangt, hinter dir, und gehe den Christusweg, der dir ganz allmählich das Gottesgesetz, die ewige Heimat aufzeigt: Gott in dir, Gott in uns – den Weg der Gottes- und Nächstenliebe.

Wenn du den Christusweg gehen möchtest, dann nimm dir fest vor, deine Gedanken zu überprüfen. Wenn das sündhafte Alte, die Welt von gestern und heute, dich wieder einholen möchte, dann hinterfrage dich rechtzeitig, was du noch an quälenden Hintergedanken festhältst und welche Gedanken du dem Unguten entgegensetzt, um frei zu werden.

Auf dem Christusweg heißt es, alles Ungereimte, Schwere und Bindende loszulassen, was besagt, allmählich frei zu werden von den Untergedanken.

Gerade zu Beginn des Weges sollten wir darauf achten, nicht alles von heute auf morgen von uns abstreifen zu wollen, vor allem, wenn man noch mitten in der alten gebundenen Welt steht mit ihrem Wollen und ihrem sogenannten Sicherheitsdenken.

Versuche Folgendes, auch wenn es dir noch schwerfällt:

Was du an unguten und unnützen Gedanken ablegen möchtest, das lass nicht mehr über deine Lippen kommen, das heißt: Sprich nicht mehr darüber.

Es sei wiederholt:

Prüfe deine Gedanken. Alles, was unnütz, gar ungut ist – lass es nicht mehr über deine Lippen kommen.

Bald wirst du merken, dass du ruhiger wirst und sich auch deine Gefühlswelt ändert. Du merkst, wie sich deine Gedanken, aber auch deine Gefühle sortieren. Du sagst zu dir selbst: Wozu brauche ich die Wiederholungen unruhiger Selbstbestätigungen des Gedachten und der Gefühle? Was notwendig ist, halte ich in mir fest oder notiere es auf.

Nach einer gewissen Zeit wirst du merken, dass du ruhiger und besonnener wirst. Alles, was an dich hingesprochen wird oder was du siehst, registrierst du wohl, aber du machst dir darüber weniger Gedanken.

Du wirst bald besonnener sprechen und nur das aussprechen, was von Nutzen ist, das sogenannte „Geplapper" hört auf. Du beginnst, das, was dir gesagt wird, zu hinterfragen und eine entsprechende aufrichtige Antwort zu geben.

Je nachdem, wie du dich bisher in deinem Alltagsleben verhalten hast – zum Beispiel mit vielem Denken und Reden, was auch viel Unnützes innehatte –, wirst du etwas länger brauchen, um das zu überwinden und ruhiger und besonnener zu werden, doch Übung macht den Meister.

Lass nicht los, zu üben!

Ruhig und ohne viele Gedanken wirst du dich zum Beispiel an einen Baumstamm lehnen und von dort aus einen anderen Baum betrachten oder einen Strauch oder verschiedene Blumen, oder du zählst – scheinbar wie abwesend – an einem kleinen Baum die Früchte oder die Blätter und Weiteres mehr.

Plötzlich bemerkst du, dass du mit einem gewissen inneren Abstand alles nur betrachtest oder gar die Adern eines Blattes zählst oder die Blütenblätter von Blumen.

Was ist geschehen?

Wovon hast du dich getrennt?

Ich, Gabriele, würde sagen, dich interessiert manch Allzumenschliches nicht mehr. Ein Teil vom üblichen Alltag ist abgefallen, etwas anderes zieht in deine Gefühls- und Gedankenwelt ein. Was ist es?

Es gibt keinen Zufall. Eventuell will dir der gegenüberstehende Baum einiges signalisieren, oder die Adern des Blattes, das du in den Händen hältst, möchten dich an etwas erinnern, oder die Blume, die du gerade anfokussierst, hat eine Botschaft für dich – und, und, und.

Lerne! Denn um dich, um uns ist der Reichtum des Alls.

Mit der Zeit wirst du zu dir selber sagen:

Wie konnte ich nur in diesem Fieberwahn leben, in dem Gejage und Gehetze, um dieses und jenes zu erreichen?

Das, was uns jetzt bewusst wird, gehört immer noch in die Zeit unseres Wollens und Wünschens, denn unser Unterbewusstsein hat noch mehr Schichten von Allzumenschlichem, was letzten Endes nicht mehr zu uns gehören soll auf dem Christusweg.

Es ist immer noch eine Kampfzeit, die Jesus von Nazareth entsprechend formulierte, gleich ansprach.

Sein Wort ist die Wahrheit, und dieses beginnt, durch Übung, mehr und mehr offenbar zu werden – es ist die Gottes- und Nächstenliebe, das Ur-Gesetz der Einheit.

Die Gliederung des Reiches Gottes, vom Heiligtum Gottes aus gesehen, ist geeint in Gott; es sind die sieben Ur-Kräfte, gleich die Verantwortungsträger der Ewigkeit. Die Einheit ist das Ur-Gebot der Gottes- und Nächstenliebe.

Die göttlichen Entwicklungsebenen zur Kindschaft Gottes, zur Einheit, sagen letzten Endes alles aus. Gehen wir davon aus, dass im Kleinsten das Ganze ist und im Ganzen das Kleinste, dann haben wir den Weg zum Leben gefunden.

Mit Christus auf dem Christusweg – und mit Christus in die Ewigkeit – erleben wir vieles.

Liebe Geschwister,
wir üben noch still und besonnen, um ruhiger zu werden.

Mehr und mehr wird uns dabei bewusst:

Mitten in unserem Alltagsleben ist der Christusweg der Weg, der zum wahren Leben führt, in die Freiheit, die „Gott in uns" heißt, und in die Einheit mit unseren Mitmenschen, mit der Natur und den Tieren.

Viele Zuschauer und Zuschauerinnen der TV-Sendungen mit der Botschaft des Freien Geistes und viele Menschen, die die zahlreichen Bücher mit den entsprechenden Inhalten aus dem Gottesgeist kennen, berichten von den Erfahrungen, die sie auf ihrem Weg mit Christus machen.

Im Folgenden lest ihr die Erlebnisschilderung einer Urchristin, in der sie von ihren ersten Erfahrungen auf dem Christusweg erzählt.

Diese Schilderungen können dazu anregen, selbst eigene Erfahrungen zu machen, denn jeder Mensch kann selbst lernen und üben und sich gemeinsam mit seinen Mitmenschen weiterentwickeln auf dem Christusweg ins Friedensreich. Wenn ihr möchtet, versetzt euch hinein:

»Es ist ein Vormittag wie jeder andere.

Ruhig und besonnen gehe ich meinen Weg zum Fahrzeug.

Plötzlich trete ich auf einen Stein – nun: Unter meinen Füßen sind nun mal viele Steine. Ich gehe weiter, doch ein Stein, auf den ich trat – so wie auf viele andere –, lässt mir keine Ruhe. Immer wieder denke ich an diesen Stein.

Mich bewegt er immer wieder in meinen Gedanken.

„Unsinn", denke ich, „ich weiß ja gar nicht, was das für ein Stein war." Trotzdem drängt es mich zurückzugehen.

„Was ist denn bloß los mit mir? Bin ich im Wolkenkuckucksheim angelangt?"

Ich gehe zurück und betrachte nun die hervorkommenden Grasarten, die aus der Erde spitzen. Ich trete dabei auch auf unzählige Steine – einer macht mich auf sich aufmerksam. Ich hebe ihn auf und schaue ihn an und sage zu ihm: „Na du, du hast da und dort Adern, ähnlich wie das Blatt, das ich gerade betrachtete und von dem ich seine feinen Adern zählte."

Plötzlich glaube ich zu vernehmen: „Nimm mich mit, ich bin ein Teil von dir."

So begann es.

Ich musste dann zurück zu meinem Fahrzeug und steckte den Stein gedankenlos in meine Manteltasche.

Zuhause angekommen, legte ich den Stein auf den kleinen Tisch neben dem Telefon. Ich ging in die Küche und packte meine Einkaufstasche aus, so wie immer – oder doch nicht wie jeden Tag?

Der Stein kam mir immer wieder in das Bewusstsein. So wie immer richtete ich in unserer Küche das Mittagessen für unsere kleine Familie. Doch mir fehlte etwas! Was? Der Stein!

Ich holte ihn von dem Tischchen und legte ihn neben mich. Mein Mann schaute mich verwundert an, sagte aber nichts. Am Abend lag der Stein immer noch an seinem Platz auf dem Esstisch. Mein Mann fragte: „Seit wann gibt es bei uns zu den Hauptmahlzeiten einen Stein zum Ansehen, statt einer Suppe?" Ich hatte einige Ausreden und nahm nach dem sonderbaren Gespräch – zum Beispiel, was mir an dem Stein so gefällt – den Stein mit in mein Schlafzimmer.

Nun, da liegt er!

Mein Leben ging weiter und erfüllte sich wie zuvor, was Arbeit, Einkaufen, Sonntagsspaziergänge oder Familienbesuche anbelangt. Es gab immer etwas zu besprechen, oder man tauschte sich über die Situationen im Weltgeschehen aus, und, und, und.

Der Stein lag weiterhin auf meinem Nachttisch – und weiter nichts. Eines Nachts wachte ich auf, und mein Blick fiel auf den Stein. Im Halbschlaf glaubte ich, er spräche zu mir: „Du bist nie allein, in allem ist der Odem Gottes, Sein Gesetz der Nächstenliebe." Ich griff nach meinem Schreibblock und notierte mir das auf, was mir noch im Sinn war.

Eines Morgens bei einem Spaziergang war mir danach, ein Gänseblümchen und einige Grashalme mit ins Zimmer zu nehmen, auch ein Spitzwegerich war dabei.

Aus dem Wohnzimmerschrank holte ich eine passende Vase und füllte sie mit Wasser für den kleinen gepflückten Morgengruß. Die Vase stellte ich dann im Schlafzimmer neben den Stein. Zu meinem Mann sagte ich: „Ich lerne nur, mir selbst zu beweisen, dass alles auf Energie beruht und dass der Geist, Gott, alles durchströmt, denn die ganze Natur, alles soll beseelt sein."

Mein Mann schaute mich nur an und meinte: „Daran glaube ich auch – probiere es aus!"

Der Vormittag war meistens die Zeit zum Einkaufen, dann, wenn die Familie auf dem Mittagstisch frisches Gemüse wünschte.

An einem sonnigen Tag packte ich meine Einkaufstasche und fuhr mit dem Fahrrad einkaufen. Sonderbar: Der Radweg war wie immer ganz normal der Radweg – und doch kam es mir vor, als wären die vielen Steine, die Blumen am Wegesrand, die Gräser, die Sträucher und da und dort ein Baum wie Freunde, an denen ich mich erfreute. Da dachte ich: Kann es sein, dass es daher kommt, weil ich mich ohne viel nachzudenken von meinem Stein auf dem Nachttisch und den Blumen und Gräsern in der kleinen Vase mit einem kurzen Lächeln verabschiedet habe?

Ein neuer Tag bringt weitere Erfahrungen.

Heute geht es wieder mit dem Fahrrad einkaufen. Es geht natürlich über Steine, und hin und wieder fahre ich eine Blume am Straßenrand an. Wenn ich es bemerke, steige ich ab, um sie wieder aufzurichten, soweit es geht, dann fahre ich weiter.

Plötzlich fährt es in mein Gemüt und über mein Gemüt in meine Gedanken: Was ist los mit mir? Ich habe kaum Gedanken zu meiner Außen-

welt, geschweige denn Gedanken darüber, was in der Welt los ist. Sonderbar – ich bin ruhig und gelassen und fahre meinem Ziel zu, das Einkaufen heißt.

Ich steige von meinem Fahrrad ab und stelle es an dem entsprechenden Platz ab. Plötzlich sage ich so vor mich hin „Danke!" und denke dabei an die Steine und da und dort an den Rasen und die vielen kleinen Blumen, die mich getragen haben.

Ich bin ruhig und gehe gelassen einkaufen, wissend um das, was ich für meine Familie brauche. Alles ist im Einkaufswagen. Es ist seltsam, so denke ich selbst über mich nach: Mich erregt nichts, mich regt niemand auf, ich bin ganz bei mir und meiner Sache, was ich zu besorgen habe. Ich bezahle an der Kasse, lade alles in die Einkaufstasche ein, die ich am Fahrrad untergebracht hatte, steige auf mein Fahrrad und fahre Richtung heimwärts.

Ja, und wie ging es dann weiter?

Sobald ich vom Fahrrad abgestiegen war, kam die Nachbarin auf mich zu, und es ging los:

„Haben Sie schon dieses und jenes gehört, da" – so meinte sie – „muss man sich doch aufregen!" Und sie redete immer weiter. Ich habe mich in das Gespräch hineinziehen lassen. Kaum zu Hause, fiel mir ein Glas aus der Hand, die Ruhe war dahin, die Gedanken aus dem Gespräch verfolgten mich.

Um mich abzulenken, ging ich durch den Garten. Das half aber auch nicht, mich wieder ruhiger zu stimmen. Ich kehrte ins Haus zurück und verrichtete meine Hausarbeit.

Später dann, beim Abendessen, gab es allgemeine Gespräche. Mein Mann nahm ein Buch, das in meiner Gebetsnische lag, und las darin. Ich setzte mich vor den Fernseher und schaltete meinen Lieblingssender ein.

Da, o ja, kam das, was ich brauchte, um mein Gemüt aufzuhellen, eine Liedzeile:

Wo immer ihr versammelt seid
und Meinen Namen nennt,
da Bin Ich mitten unter euch,
so ihr Mich als Herrn erkennt.

Danach folgte eine kritische Sendung. Plötzlich und unerwartet setzte sich mein Mann zu mir, was er sonst selten um diese Zeit tat, um mitzubekommen, was ich anschaue. Er blieb eine Weile gespannt sitzen, und dann kam ein Ausruf von ihm: „Die haben recht, das müsste man weiterverfolgen!" Und zu mir gewandt: „Warum hast du mir von solchen Sendungen nie etwas gesagt?"

Ich war erstaunt und sagte: „Du hast dich doch nie darum gekümmert, was ich im Fernsehen für Sendungen anschaue." Ein Blick von ihm sagte alles.

Bis auf einige Sendungen, vor allem, wenn es um Familiensendungen ging, schaute er selten fern.

Ab dieser Zeit saß er dann gespannt an meiner Seite.

Eines abends kam plötzlich eine Frage von meinem Mann: „Was machst du eigentlich mit dem Stein? Du könntest ja Lastwagen voller Steine in dein Zimmer holen!"

Ich lachte und meinte: „Was oder wen hätte ich da im Lastwagen sammeln und in mein Zimmer stellen sollen?“

Ich dachte: Nun gibt es eine Diskussion, die ich vermeiden wollte. Also sagte ich: „Es ist heute schon spät!“

Als mein Mann mir darauf antwortete, dachte ich, ich hör’ nicht recht – er sagte:

„Glaub’ ja nicht, ich wäre von gestern! In der Zwischenzeit interessiert mich sehr vieles, denn ich habe ein Buch, das mir viel zu sagen hat, und ich merke, dass du dich in letzter Zeit irgendwie veränderst.

Auch der Garten versetzt mich immer wieder ins Staunen und lässt mich immer wieder aufs Neue innehalten. Und du, meine Liebe, bist mein bestes »Buch«, in dem ich zu jeder Tageszeit zu lesen vermag!“

Ich stand wie angewurzelt da und fand keine Worte.

Er war es, der meinte: „Wir sollten schlafen gehen, denn es ist schon spät.“

Nun entspannte ich mich, umarmte ihn und wünschte ihm „eine gute, gute Nacht!"

Der andere Tag war ein Sonntag, und der Morgen verlief wie alle Sonntagvormittage. Wir frühstückten gemeinsam und nahmen uns Zeit, wie jeden Sonntagmorgen. Unsere Gespräche verliefen wie immer: Was hat die zurückliegende Woche hinterlassen, das in der kommenden Woche aufgearbeitet werden soll? Und Weiteres mehr.

Mein Mann ging dann zum Fenster und meinte: „Das Wetter lädt ein zu einem Vormittagsspaziergang. Anschließend könnten wir zum Essen gehen."

Wir beschlossen es gemeinsam und machten uns auf zu dem Spaziergang. Mein Mann begann ein Gespräch über die Natur, und wir wurden beide gesprächsaktiver. Wir unterhielten uns auch über alles, was mein Mann gelesen hatte. Dabei sagte er: „Du wunderst dich über mich und denkst: Er ist ein derart sachlicher

Typ und ein Zahlenmensch, der mit der Zahlenwirtschaft und mit verschiedensten Firmen zu tun hat, und, und, und."

„Ja, so dachte ich!"

„Siehst du, so täuscht man sich", erwiderte er und schaute mich dementsprechend an.

Nun kamen wir ins Gespräch, und er meinte: „Versuchen wir doch mal, unsere Bekannten zu Gesprächen einzuladen, zu den Themen, die in den Büchern stehen. Du kannst es sicherlich kaum fassen, dass die Bücher zu den verschiedenen Themen meine Nachtlektüre waren und sind. Ich bin ein Fan von Christus und Emanuel. Ich wollte mich informieren, bevor ich mich zu dir an den Fernseher setze. Ich sage dir: Danach zu leben, hieße wahrlich, eine andere Welt einzurichten!"

Unser Spaziergang endete kurz vor dem Mittagessen. Am Abend saßen wir gemeinsam vor dem Fernsehgerät, um das Programm anzuschauen. Mein Mann wurde gleich aktiv, er rief ein paar Freunde an, und es dauerte nicht lange, dann saßen wir zu viert vor den Fernsehprogrammen. Anschließend kam ein tiefes Gespräch zustande. Später kamen noch weitere Freunde hinzu.

Jedes Wochenende am Samstagabend trafen wir uns. Die Gespräche wurden immer tiefer, jeder brachte sein Buch mit, das ihm auf dem Weg weiterhalf. Bald nannten wir unseren gemeinsamen Weg den Christusweg zum Friedensreich.

Inzwischen war das kleine Gesteck verwelkt und wurde aus dem Schlafzimmer in den Garten gebracht. Der Stein ist an seinem Platz geblieben und sendet ab und zu kleine Weisungen entsprechend seinem Bewusstseinsstand.

An einem der Samstagabende berichtete ein Teilnehmer während unseres tiefgreifenden Gespräches plötzlich über völlig unnütze Dinge. Dabei wurde den anderen das ganze Gespräch lästig, und einer von ihnen sagte:

„Am liebsten würde ich jetzt meiner Arbeit nachgehen, korrekt und präzise, so dass ich am anderen Tag nicht viel zu verbessern habe. Ich bin Dozent an der Hochschule, und seitdem ich mich an unnützen Gesprächen immer weniger beteilige, werden die Studenten ruhiger und ihre Arbeit konzentrierter und besser."

Man merkt: Die alte, raue kriegerische Welt verliert allmählich die Angelhaken, um die Menschen in die Zeiten der Zeiten zu ziehen, die vom Ego und von Besitz und Habenwollen nur so fiebert.

Auch der Neid, die Missgunst und der Drang, den anderen zu bewerten, um über ihn da und dort zu reden, nimmt ab. Man ist mehr bei sich selbst oder liest zu gegebener Stunde in einem Buch. Ganz allmählich wird man sich selbst treu, das heißt: Man schwätzt nicht mehr so viel.

Der allgegenwärtige Geist, Gott …

In den Büchern steht, dass der Ewige All-Eine Gott, das Ewige Gesetz, die Unendlichkeit ist und alles durchströmt, und dass alles Sein jeden Bewusstseinsstand durchstrahlt und jedem Bewusstseinsstand seine Wesenheit zustrahlt.

Das heißt: Senden und Empfangen.

Auf dem Christusweg habe ich mir vorgenommen, das Hören oder Lauschen, wie man so sagt, zu lernen. Wie immer beginne ich früh morgens im Garten. Ruhig und auf den Garten konzentriert gehe ich zum nächststehenden Baum – es ist eine Birke.

Ruhig bleibe ich vor ihr stehen, dann gehe ich auf sie zu und lehne mich an ihren Stamm an und wünsche ihr einen guten Morgen. Dann bete ich zu Gott, dem Ewigen All-Einen. Nach dem Gebet gehe ich weiter durch den Garten und begrüße das Leben und wünsche allem Sein im Garten und in der ganzen Natur, auch auf der ganzen Erde, den Frieden, und dass wir Menschen uns besinnen, dass der Geist Gottes, der das Leben ist, alles durchströmt und uns Seine Liebe zuströmt, damit wir Menschen friedvoller werden und uns der Liebe Gottes bewusst werden.

Nach dem Gang durch den Garten beginnt mein Tag im Haus. Ich lerne, mir bei der Tagesarbeit immer wieder vorzugeben, dass ich nicht allein bin.

Darüber spreche ich auch mit meinem Mann.

Auch er nimmt sich immer wieder aufs Neue vor, sich bewusst zu machen: „Wir, ich, sind nicht allein."

Am Morgen beten wir gemeinsam und wünschen uns einen guten und gotterfüllten Tag.

Es dauert nicht allzu lange, dann nehmen diejenigen, die mit uns am Abend die Fernsehsendungen schauen, sich ebenfalls vor, sich am Morgen zusammenzufinden, um gemeinsam zu beten. Wir setzen dafür eine bestimmte Zeit fest, von – bis, und beten in der morgendlichen Verbindung.

An manchen Abenden gibt es einen regen Erfahrungsaustausch.

Eines fühlen wir alle: Wir werden ruhiger, die Tagesarbeit geht uns flotter von der Hand, und unsere Gedankenwelt ist straffer, also konzen-

trierter, was besagt, wir denken nicht mehr so viel über alles, was sich ergibt, lange nach, sondern bleiben mehr bei uns. Das spart Zeit und eröffnet viele Möglichkeiten.

Ich komme noch einmal auf die Birke im Garten zurück: Wie gesagt, ich bete, und nun versuche ich, mein Ohr an den Stamm der Birke zu legen. Ich höre nur mich selbst – nichts Weiteres.

Der Garten spricht – so denke ich –, und ich denke und spreche auch. Nun, mit wem spreche ich?
Ich spreche mit mir selbst.
So geht das nicht weiter. Ich muss lernen!«

So weit die Schilderung einer Urchristin über ihre ersten Erfahrungen auf dem Christusweg.

Klein beginnen, um das All zu erfassen! Wir haben gehört und gelernt: Im Kleinsten ist das Ganze, und das Ganze ist das All-Gesetz Gott. Gottes Größe, das All und Seine Weisheit sind in jedem Wesenskern eines Seelenleibes. Der Wesenskern ist geschützt durch die Erlösertat des Christus Gottes, durch Sein göttliches Erbe, das Er aus dem All-Sein auslöste und in sogenannte Licht- gleich Erlöserfunken aufgeteilt jeder Seele zukommen ließ, die in sich das Ur-Zeichen trägt – Geist aus Seinem Geiste, Gott.

Das ist ein Merkmal des Geborenseins im Heiligtum, Gott.

Das Wort „Wesenskern" besagt schon, dass es sich um ein Wesen handelt, das noch eingehüllt ist. Die Hülle ist noch die Belastung des menschlichen Ichs.

Gottes All-Gesetz – was schon der Name sagt: All-Gesetz! – durchströmt alles und gibt jedem Wesen und allem, ob beseelt oder unbeseelt, die entsprechende Lebenskraft.

Das heißt: Gott gibt auch dem Baum, der Blume oder dem Bewusstseinsstand eines gesamten Erd-Kollektivs.

Die Ewigkeit ist das All-Sein, das Sein im Sein im Gesetz der Gottes- und Nächstenliebe. So strömt es durch die Unendlichkeit.

Es strömt:
Ich Bin der Ich Bin,
die All-Liebe in der Unendlichkeit,
Gott, die Liebe.

Die ganze Natur, das kleinste Gewächs, jedes Tier, jeder Planet, die gesamte Vielfalt des Alls vernimmt Sein Wort.

Auch die Dichte, die Materie empfängt das All-Wort, doch die meisten Menschen sind mit sich selbst beschäftigt, mit der Schwere des „alles für mich, alles für uns“.

Der Christusweg ins Friedensreich und vom Friedensreich ins Himmelreich bedeutet nicht nur umdenken, sondern sich selbst erst einmal bewusst zu werden, dass wir vom Beginn des Umdenkens an unser Zellbewusstsein wie einen Seismographen ausrichten, der das Himmelreich aufzeigt.

Durch unser bewusstes Umdenken, indem wir ganz allmählich mit dem Bewusstseinsstand in allem in Kommunikation treten –, mit Steinen, Pflanzen, Tieren, mit dem kosmischen Sein der Planeten, die wir sehen, oder gar mit den sogenannten „Sternen", die auch Sonnen und Planeten sind –, werden wir bald merken, dass die Körperstruktur feiner wird und unsere Gespräche einen sogenannten Tiefgang bekommen. Bevor wir reden, überlegen wir, ob wir das sagen wollen, was wir denken, und wenn, dann ist die Frage an uns gerichtet, wie wir es formulieren.

Heute gedacht – morgen getan. Das wäre für manchen Menschen das Gewollte. Doch die

Zeit hat ihre Zahlen. Denken wir dabei an die Stunden, an die Augenblicke, an die Sekunden und Minuten – was also eine Stunde alleine hergibt und wie wohl ein ganzer Tag ausschaut, gar eine Woche oder ein Monat, und wie viele Jahre, Augenblicke, Sekunden, Minuten, Stunden, Tage, Wochen und Monate wir haben –, dann werden wir uns allmählich bewusst, was und wie viel wir Unnützes denken und reden.

Alles beruht auf Energie!

Wohin geht die Energie von jedem einzelnen Menschen?

Natürlich baut sich zuerst das Zellbewusstsein auf. Jede Zelle, alle Organe, Blutgefäße, Bänder, Knochen, alle Körperfunktionen sind Energie. Und da keine Energie verloren geht, so ist die Energie, die von jedem Menschen ausgeht, bei ihm selbst gespeichert und auch in der Erde, in und auf den Planeten.

Und je nach Bewusstseinsstand des Egos des Einzelnen zeichnet sich sein Körperbild.

Gemäß unserem Lebensalter auf der Erde ist auch unsere Zeit begrenzt, unsere Stunden sind gezählt. Im übertragenen Sinne könnten wir uns als „Zahlenwesen“ bezeichnen, denn unser ganzer Körper ist nichts anderes als ein „Zahlenkörper“, der sich durch unsere Verhaltensweisen ausweist.

Alles, was wir in und an unserem Körper aufzählen, besteht aus Zahlen, die je nach unseren Verhaltensmustern agieren. Sämtliche Gefühle, Gedanken, Worte, aber auch Handlungen sind in Zahlen gefasst, die als einzelne Körperfunktionen bildhaft wiedergegeben werden. Das heißt: Ob wir Gefühle, Empfindungen oder Gedanken bewegen – alles sind Zahlenfolgen und geben zusammengefasst dem Körper sein entsprechendes Bild.

Das Gleiche gilt für die Nahrung, für die Kleidung und für das Wohnen. Alles ist Energie, und alles beruht auf der entsprechenden Zahlenenergie. Energie ist gleich Schwingung, die sich je nach der Schwingungszahl von der

Körperschwingung, auch Zellschwingung genannt, angezogen fühlt, denn, wie wir wissen: Gleiches zieht immer zu Gleichem, Ungleiches wird abgestoßen.

So ist es auch mit den Worten, zum Beispiel wenn wir nur von Umdenken sprechen oder Ungutes nicht ernsthaft beheben. Wenn wir das nur wollen, wird es von dem Körperspeicher angezogen – der Mensch belastet sich weiter.

Wird hingegen das Gegensätzliche – wir sagen auch: das Negative – ernsthaft behoben, also bereinigt, dann wird es im Zellenstaat und in der Seele lichter, der Mensch fühlt sich freier, die Seele wohler.

Alles, was hier geschrieben steht, ist nur als Hinweis gedacht. Der ganze Verlauf, gleich Ablauf, sowohl am und im Körper als auch in der Seele, kann letztlich mit menschlichen Worten nur sehr allgemein beschrieben werden.

Deshalb die Bitte, es nur sinngemäß und andeutungsweise zu erfassen! Es gibt keine menschlichen Worte, um das „Leben" zu beschreiben, weder für den Körper noch für Seele und Geist. Die menschliche Sprache kann den Geist nur in Fragmenten wiedergeben, das heißt also: Mit menschlichen Worten kann niemals das Absolute wiedergegeben werden.

Menschliche Worte können mit Hüllen verglichen werden, denn die Inhalte jedes Wortes sind grundverschieden.

Der Gottesgeist hat nicht die Sprache der Menschen. ER, der All-Eine Gott, der wahre ewige Geist, sendet Lichtwesen aus dem Reich Gottes, die sich als Menschen einverleiben, um in ihrer jeweiligen menschlichen Muttersprache das heilige Wort zu geben.

Wer die Materie ohne persönliche Wertung betrachtet, der merkt sehr bald, dass alles Bewusstsein ist, was der Planet Erde hervorbringt.

Damit meine ich nicht das, was der Mensch aus der Erde macht, auch nicht, wenn er da und dort irgendetwas pflanzt oder der Erde anderweitig zuspricht, so, wie es ihm gerade danach ist. Die Erde als solche kennt den Ort, den Platz, wo was da und dort wachsen sollte, denn sie wirkt gemäß dem Bewusstsein, das von Gott, der All-Kraft, gleich dem All-Gesetz, ausgeht.

Die Menschheit, die sich stufenweise vermehrt hat, ist gleichsam zur Vielheit geworden, und das heißt: Ihre Aussagen und Taten da und dort sind grenzenlos geworden, weil der Mensch das All-Gesetz, die All-Gesetzmäßigkeiten nicht beachtet und nur nach seiner eigenen Vorstellung denkt und wirkt – wie das, was er denkt und schafft, von ihm ausgehend, anscheinend richtig ist. Das ist des Menschen inakzeptables Bewusstsein, weil es das Fall-Bewusstsein widerspiegelt, das auf Dauer gesehen unhaltbar ist.

Deshalb heißt es: Achte die Gebote Gottes, lebe danach und auch nach der Bergpredigt des Jesus, des Christus, dann findest du auf den Christusweg in das Friedensreich.

Wie gesagt: Achte die Gebote Gottes, dann beginnst du, in allem den Bewusstseinsstand zu erfassen, denn alles, was die Erde durch Gott, der das Leben ist, hervorbringt, ist Bewusstsein und ist das Wort des Alls.

Man fragt sich: Wenn alles Energie ist – woher kommt der Mensch, der auch Energie sein soll? Und woher die Erde? Alles beruht auf der Dichte, die man Materie nennt. Man spricht so leicht und ohne nachzudenken: „von Gott!“

Wie wir inzwischen wissen, ist Gott die Lebensenergie – nicht Fleisch und Blut. Fleisch und Blut sind Dichte und Substanz der Erde.

Der Christus Gottes lehrte uns: Es wird kein Fleisch und kein Blut mehr geben, keine Menschen und keine menschlichen Worte mehr. Gott ist.

Gott ist also Lebensenergie und weder Fleisch noch Blut. Die Lebensenergie durchströmt alles, auch die Dichte der Materie, zu der der Planet Erde gehört, und auch alle feinerstofflichen Universen mit ihren entsprechenden Planeten.

Immer wieder wird geforscht und gefragt: Woher kommt die Materie?

Klar und unmissverständlich ausgedrückt: Sie ist Fall-Energie.

Die Fall-Energie kam – als Leihgabe – aus dem ewigen feinstofflichen Reich und wurde ganz allmählich dichterer Stoff. Man kann sagen: Es ist als Materie wohl der dichteste Stoff aller Universen – die geliehene Energie, die der Satanist, der es anders wollte als Gott, durch sein gegen das Ur-Gesetz der Gottes- und Nächstenliebe gerichtetes Denken und Handeln schlichtweg immer weiter heruntertransformierte.

Der Satanist, von dem wir öfter sprechen, ist der Fall-Herrscher, der wohl in der Zwischenzeit von der Tochter Gottes besiegt wurde – aber seine Zöglinge glauben es immer noch nicht. Sie wollen noch ihre Herrschaft. Dass das so ist, sehen wir in der Welt und erleben es tagtäglich, wie die Menschen aufeinander losgehen, voller Hass und Streit.

Die höchste Energie – als Leihgabe genommen – wurde ganz allmählich zur Fall-Energie und immer dichter, woraus sich das Zeugungs- und Gebärprinzip ergab, auch wieder durch Wunsch- und energetische Vorstellung als Energiewellenkraft. Mit der Zeit wurde der Feststoffkörper zu Fleisch mit den entsprechenden Organen und dem Knochenaufbau.

Wie schon gesagt, wurde die Masse „Mensch", das Individuum, immer dichter.

Das Individuum Mensch spricht sich selbst und weiß oftmals nicht, was es spricht.

Letztlich sind die Worte des Menschen nur Laute und haben kaum Wertigkeit, weil im ewig strömenden Gesetz „Senden und Empfangen" nur der Inhalt der Worte entscheidend ist.

Im Grunde genommen sind wir Menschen weit entfernt von dem, was das ewige Gesetz, Gott, beinhaltet: die Liebe, gleich Gottes- und Nächstenliebe, der Friede und die innere Freiheit, Gott in uns.

Jedweder Kampf sowie auch schon jede Besserwisserei und Rechthaberei beruhen auf dem Siegesbedürfnis des selbstherrlichen Menschen und gaukeln ihm Selbstsicherheit und Überlegenheit vor.

Es bedarf eines anderen Weges, der heißt: Gottesliebe und Nächstenliebe, Frieden und das Sein mit den Tiergeschöpfen und allen Lebewesen auf der Erde, über und in der Erde, in der ganzen Natur.

Wir können das lernen, denn wir haben das ur-ewige Gesetz in uns, das lautet: Verbinde und sei.

Das Wort „verbinde" hat Inhalt, es ist gleich das Sein und heißt: Lebe im Geiste der Liebe und Einheit.

Das würde auch bedeuten, dass sich unsere Worte verändern und unsere Sprache gewinnt, dass sie mehr an Stil erlangt und den Gemeinschaftssinn zum Ausdruck bringt, der Einheit bedeutet.

Das bedeutet, dass selbst das einfachste Pflänzlein die gleiche Wertigkeit hat wie das Sein in uns, also wie wir als geistig-göttliche Wesen sind. Der Geist, Gott, ist Liebe und Einheit – das ist das All-Bewusstsein aller göttlichen Wesen. Es ist das Sein in Gott, der keine Unterschiede macht.

Für uns Menschen ist das vielfach unbegreifbar. Warum? Wir Menschen teilen ein in groß und klein, in lang und kurz, in dick und dünn, und so könnte ich weiter aufzählen. Das ist unsere Sprache, die trennt, und Trennung heißt auch, unverstanden zu sein.

Zusammengefasst heißt das: Trenne, binde und herrsche.

Wenn wir wollen, können wir darüber nachdenken, dass alles, was wir an Wesenheiten in der Natur sehen, in Kommunikation steht und in der Evolution, also in der Weiterentwicklung bis hin zum göttlichen Ursprung, dem Sein im Sein, was besagt: Gott in uns und wir in Gott.

Global heißt das: Einheit.

Das wäre die Lebenserneuerung hin zum Ur-Strom, hin zu dem Christus Gottes, der uns führen möchte, denn Er ist in Gott der Weg, die Wahrheit und das Leben – Gott in uns und wir in Gott.

Das Wort des wahren Lebens ist Kommunikation, das uns in aller Vielfalt seit nahezu fünf Jahrzehnten in der Muttersprache des Instrumentes Gottes gelehrt wird durch die Dolmetscherin aus dem Reich Gottes.

Das Wort der ewigen Wahrheit ist gefasst in unzähligen Büchern, gleich Bänden und kleinen Broschüren, gegeben aus dem Reich Gottes durch die Dolmetscherin des Reiches Gottes, auch Prophetin genannt.

In Einheit und in der Gottes- und Nächstenliebe verbunden,

Gabriele